Inhalt

Selektionsdruck - Darwins Evolutionstheorie gilt auch im hoch technologisierten Habitat der Wirtschaft

Kernthesen

Beitrag

Fallbeispiele

Weiterführende Literatur

Impressum

Selektionsdruck - Darwins Evolutionstheorie gilt auch im hoch technologisierten Habitat der Wirtschaft

Harald Reil

Kernthesen

- Die radikalen Neuentwicklungen in den I&K-Technologien führen zu einem immensen Selektionsdruck, der nicht nur einzelne Unternehmen, sondern sogar ganze Branchen bedroht.
- Kommentatoren sprechen von einem digitalen Darwinismus, der nur jenen

Firmen das Überleben sichert, die sich den neuen Verhältnissen anpassen können.
- Selbst etablierte Konzerne sind vor einem schnellen Absturz in die Bedeutungslosigkeit nicht sicher. Nokia ist dafür ein mahnendes Beispiel, andere Große wie Microsoft schwächeln bereits.

Beitrag

Survival of the Fittest

Auch wenn es nicht Charles Darwin war, der das Diktum "Survival of the Fittest" geprägt hat, sondern der Sozialphilosoph Herbert Spencer; und auch wenn der Begriff unter Evolutionsbiologen schon seit langem obsolet ist, für den Zweck der plakativen Beschreibung dessen, was zurzeit in der Wirtschaftswelt geschieht, lässt er sich durchaus mit Gewinn zweckentfremden. Denn in jüngster Zeit erlebt der staunende Betrachter ein faszinierendes Schauspiel von Firmengründungen und -untergängen, eine Auseinandersetzung um Übernahmen sowie von Territorialkämpfen um Marktanteile, das eher an den turbulenten Überlebenskampf in der Natur erinnert als an die Geschehnisse in einer hoch technologisierten Welt.

Im Grund herrschen also, so argumentieren zumindest einige Kommentatoren, auch in der Wirtschaft die Gesetze des Dschungels, die auf Dauer nur diejenigen favorisieren, die sich am besten den Lebensbedingungen anpassen können. (1), (2), (3), (4), (5), (9), (10)

Selektionsdruck wird immer stärker

Diese Erkenntnis mag zwar in ihrer grundsätzlichen Betrachtung nicht gerade originell sein, neu und daher bemerkenswert ist aber, dass sich die Rahmenbedingungen des Habitats Wirtschaft tatsächlich viel schneller ändern als früher. Der von Darwin für die Natur beschriebene Selektionsdruck zeigt sich daher in seinen Konsequenzen auch viel eindringlicher als in früheren Zeiten. Verantwortlich dafür ist der Aufschwung der Informations- und Kommunikationstechnologien, die die Rahmenbedingungen des Wirtschaftslebens immer wieder und in immer kürzeren Abständen auf den Kopf stellen. Dem digitalen Darwinismus, wie ein erst jüngst erschienenes Buch die aktuellen Entwicklungen genannt hat, fallen daher auch in immer schnelleren Zeitabständen Unternehmen oder sogar ganze Industrien zum Opfer, die vor gar nicht allzu langer Zeit unantastbar schienen. (1), (2), (3), (4),

(5), (9)

Massiv unter Beschuss

Zu ihnen gehören, um nur einige zu nennen, die Zeitungs- und Zeitschriftenbranche, der stationäre Einzelhandel, Buchläden und Reisebüros. Seit es das Internet gibt, sind zum Beispiel Printprodukte, deren Hauptgeschäft der Verkauf von Nachrichten ist, vehement unter Beschuss geraten. Sie verlieren nicht nur Leser, sondern als Folge davon auch noch reihenweise Anzeigenkunden. Noch hat die Branche keine Lösung gefunden, wie sie auf die massive Bedrohung des kostenlosen Online-Contents reagieren soll. Der stationäre Einzelhandel kämpft mit dem so genannten Zero-Gravity-Problem. Physische Objekte lassen sich bequemer und in einer ungleich größeren Auswahl, als sie ein ortsgebundenes Geschäft zu bieten hat, auch auf virtuellem Wege begutachten und erwerben. Dasselbe gilt für Bücher, deren Kauf und Verkauf mittlerweile sogar unabhängig von physischen Trägern geworden ist. Internetaffine Globetrotter buchen ihre Flüge, Hotels und Mietwagen schon lange nicht mehr über Reisebüros. Wer wirklich Geld sparen will, geht online, da ihm auf diese Weise die Angebote der ganzen Welt mit nur ein paar Mausklicks zur Verfügung stehen. All diese Entwicklungen lassen keinen Zweifel offen: Unternehmen, die in diesen Traditionsbranchen arbeiten und es nicht schaffen, sich den neuen Bedingungen anzupassen, stehen nicht nur gewaltig unter Beschuss, sie laufen Gefahr unterzugehen. Dasselbe gilt aber auch für hippe IT-Unternehmen. Apple verliert an Glanz, Nokia ist nur noch ein Schatten seiner selbst, Microsoft schwächelt, Yahoo! ist schon lange nicht mehr der Konzern, der er einmal war. (3), (7), (8), (9)

Trends

Segen und Fluch zugleich

Die große Zeit der Traditionsunternehmen, die Generationen überdauern und die währenddessen immer in der ersten Liga ihrer Branche spielen, scheint vorbei. Die modernen Informations- und Kommunikationstechnologien entwickeln sich so rasant, dass Firmen, die nicht in der Lage sind, sich diesem Tempo anzupassen und ihre Neuerungen für sich zu nutzen, wieder genauso schnell in die Vergessenheit versinken können, wie sie sich zur Spitze aufgeschwungen haben. Das Internet, das den Informationsaustausch in einem Ausmaß beschleunigt, das noch vor wenigen Jahrzehnten unvorstellbar gewesen wäre und zudem eine weltumspannende Kollaborationsplattform etabliert hat, auf der Ideen in einer Geschwindigkeit geboren und verworfen werden, dass selbst Fachleuten Hören und Sehen vergeht, wird so zum Segen und Fluch zugleich. Die Schnelligkeit der Innovationszyklen wird zunehmen, gleichzeitig wird die Zeitdauer sinken, für die Unternehmen zur Avantgarde in ihrer Branche zählen. (5), (10)

Fallbeispiele

AltaVista stirbt stillen Tod

Ein Beispiel dafür, dass auch populäre Namen keine Garantie für ein langes Leben sind, ist der stille Tod der einst so mächtigen Suchmaschine AltaVista. Junge User, die mit Google aufgewachsen sind, werden sich vielleicht nicht einmal mehr an den einstigen Search-Engine-Giganten erinnern, der Mitte und Ende der 90er Jahre des vergangenen Jahrhunderts den Suchmaschinenmarkt beherrschte und zu Hochzeiten rund 80 Millionen Anfragen täglich abarbeitete. Gerade mal 18 Jahre war AltaVista alt, als der Interneriese Yahoo!, auch ein Unternehmen, das schon bessere Zeiten erlebt hat, im Juli dieses Jahres entschieden hat, den Suchdienst, den es zusammen mit dem Kauf von Overtures

Services erworben hatte, abzuschalten. (6)

Apple ohne Wow-Effekt

Seit der Überflieger Steve Jobs das Zeitliche gesegnet hat, befindet sich Apple zwar nicht gerade im Sinkflug, der Konzern bewegt sich mittlerweile aber wieder in Höhen, die auch andere Unternehmen erreichen können oder zu denen sie sich schon längst aufgeschwungen haben. Mehr noch: Es gibt Analysten, die dem einst so weitblickenden Unternehmen einen Niedergang in die Mediokrität prophezeien. Das ist zwar noch lange kein Absturz, doch wer den Anspruch der stolzen Appleianer kennt, weiß, dass er sich für diese wohl doch so anfühlt. Der Grund für diese Unzufriedenheit, die noch unter der Oberfläche schwelt, ist die mangelnde revolutionäre Kraft, die Apple noch unter Steve Jobs auszeichnete. Die beiden neuen iPhones, die der Konzern erst kürzlich auf den Markt geworfen hat, setzen lediglich Bekanntes fort. Der Wow-Effekt, den der Unternehmensgründer bei seinen legendären Präsentationen regelmäßig auslöste und der seinen Jüngern stets wohlige Schauer der Verzückung über ihre respektiven Rücken jagte, hat sich nicht eingestellt. Im Gegenteil: Wenn eingefleischte Appleianer mittlerweile so etwas wie ein Gänsehaut-Feeling beschleicht, dann sind es die Angstschauer, die Konkurrenten wie Samsung auslösen oder die Tatsache, dass rund um den Globus die überwiegende Mehrheit der Smartphone-User auf das Konkurrenz-Betriebssystem Android vertraut - 80 Prozent, um genau zu sein. Fraglich ist auch, ob Apple mit seiner Hochpreispolitik noch lange wird durchhalten können. Auf dem Massenmarkt China spielt der Konzern zumindest keine Rolle. Nur fünf Prozent der dortigen User können und wollen sich ein iPhone leisten; die Modelle der heimischen Produzenten mögen zwar nicht ganz so schick sein, dafür sind sie günstiger und tun auch, was sie sollen. (7), (8)

Deutsche Presselandschaft beklagt Leserschwund bei Printprodukten

Printprodukte leiden unter Leserschwund. Das ist das Ergebnis der jüngsten Untersuchung zur Auflagenentwicklung in der deutschen Presselandschaft, die die Informationsgemeinschaft zur Feststellung der Verbreitung von Werbeträgern (IVW) vor kurzem veröffentlicht hat. Im Vergleich mit dem zweiten Vorjahresquartal ist die Auflage insgesamt um 3,32 Prozentpunkte gesunken. Besonders prekär ist die Lage bei Nachrichtenmagazinen. Der Stern hat 11,22 Prozent weniger Exemplare im Einzelverkauf abgesetzt als im

Vergleichsquartal, der Focus muss sogar einen Rückgang von 22,38 Prozent verkraften. Auch der Spiegel hat mit einem Minus von 6,81 Prozent Grund zur Sorge. (11)

Weiterführende Literatur

(1) Digitaler Darwinismus
aus Horizont 12 vom 21.03.2013 Seite 021

(2) Der Kunde hat alle Macht
aus Kölner Stadtanzeiger, 18.06.2013

(3) Der stille Angriff
aus acquisa spezial direktmarketing, Vol. 60, Heft 02/2013, S. 20-21

(4) Geballte Wucht
aus acquisa, Vol. 60, Heft 09/2013, S. 45

(5) ‚Nichtstun wird bestraft'
aus "Horizont" Nr. 12/2013 vom 22.03.2013 Seite: 13

(6) Internet Yahoo! schaltet Suchmaschinen-Veteran Altavista ab
aus www.elektronikpraxis.de vom 08.07.2013

(7) Apple droht Stillstand
aus Tagesanzeiger vom 13.09.2013 Seite 41

(8) Ist Apple auf dem Weg in die Mittelmäßigkeit?
aus DW.WORLD.DE vom 11.09.2013 10:13:00

(9) Schneller, höher, pleite
aus DER SPIEGEL vom 09.09.2013 Seite 70

(10) Rettung aus dem Netz
aus Süddeutsche Zeitung, 26.08.2013, Ausgabe München, Bayern, Deutschland, S. 11

(11) IVW meldet: Gesamtauflagen der deutschen Presseerzeugnisse weiter rückläufig Hohe Verluste der Zeitschriften mit nur wenigen positiven Ausreißern
aus Die Tabak Zeitung vom 26.07.2013, Nr. 030/2013

Impressum

Selektionsdruck - Darwins Evolutionstheorie gilt auch im hoch technologisierten Habitat der Wirtschaft

Bibliografische Information der deutschen Nationalbibliothek

Die Deutsche Nationalbibliothek verzeichnet diese Publikation in der deutschen Nationalbibliografie; detaillierte bibliografische Daten sind im Internet über http://dnb.d-nb.de abrufbar.

ISBN: 978-3-7379-0405-6

© 2015 GBI-Genios Deutsche Wirtschaftsdatenbank GmbH, Freischützstraße 96, 81927 München, www.genios.de

Alle Rechte vorbehalten. Dieses Werk ist einschließlich aller seiner Teile – z.B. Texte, Tabellen und Grafiken - urheberrechtlich geschützt. Jede Verwertung außerhalb der Grenzen des Urheberrechtsgesetzes bedarf der vorherigen Zustimmung des Verlags. Dies gilt insbesondere auch für auszugsweise Nachdrucke, fotomechanische Vervielfältigungen (Fotokopie/Mikroskopie), Übersetzungen, Auswertungen durch Datenbanken oder ähnliche Einrichtungen und die Einspeicherung und Verarbeitung in elektronischen Systemen.